학생용 워크북

학습치료 프로그램

효과적인 외국어 학습 전략 및 수학적 문제해결 전략

최정원·이영호 공저

학지사

머리말

좋은 학업 성취를 위해서는 평균 이상의 지능, 학습능력, 공부에 필요한 구체적인 인지적 기술을 적절히 갖추고 있어야 한다. 이와 아울러 학습에 대한 긍정적인 생각과 태도, 목표의식, 동기 수준, 안정감, 자기 조절, 좌절을 견디는 힘, 노력과 끈기, 유연하고 창의적인 사고 및 자율성 등의 심리적 특성도 매우 중요하다.

예컨대, 지능이 우수하다고 할지라도 학습 동기가 부족하다면 결과적으로 좋은 성적을 거두기 어렵다. 또한, 지능과 학습 동기는 충분하지만 시험불안이 높은 경우와 학교, 또래관계 및 가족관계 등에서 스트레스와 심리적 불편감이 심한 경우에는 학습능률이 저하되며, 따라서 능력 발휘의 기회는 제한될 수밖에 없다.

학습치료 프로그램의 목표는 이와 같이 학업 성취에 영향을 미치는 다양한 원인들 간의 복합적인 관계를 파악하고 교정하여, 학업성취도를 향상시킬 수 있도록 하는 것이다. 이 프로그램은 총 12개 영역으로 구성되어 있으며, 그 내용은 다음과 같다.

1. 학습동기 향상 전략
2. 주의집중력 향상 전략
3. 기억력 향상 전략
4. 효과적인 읽기 및 필기 전략
5. 사고력 향상 전략
6. 효과적인 외국어 학습 전략 : 영어
7. 수학적 문제해결 전략
8. 기초학습능력 향상 전략
9. 시험불안 다루기 전략
10. 시험 전략
11. 효과적인 시간 및 공간 관리 전략
12. 학업 스트레스 관리 전략

효과적인 외국어 학습 전략과 수학적 문제해결 전략은 내용만으로 본다면 교과특수적인 학습 방법에 해당될 수 있다. 그러나 각 전략에서 강조하는 학습의 원리를 살펴보면 일반적인 학습 방법과 그 맥을 같이 한다. 즉, 인지에 대한 지식과 이에 대한 조절과 통제로 요약할 수 있는 초인지라는 개념이 그 중심에 자리잡고 있으며, 이와 함께 학습자의 동기, 감정, 자율성 등이 공통적으로 강조되고 있다.

언어적 능력과 수학적 능력 등에서 개인차가 있다는 사실에는 이견이 없을 것이나, 학습 전략 훈련을 통한 능력 개발의 가능성 역시 간과할 수 없다. 최고가 되는 것은 때로는 한계가 있을 수 있으나, 충분히 잘할 수 있는 것은 가능하다. 이 책에서 다루어지는 효과적인 외국어 학습 전략과 수학적 문제해결 전략은 충분히 잘할 수 있는 가능성과 능력을 키우는 데 도움을 줄 수 있다.

효과적인 외국어 학습 전략 프로그램은 여섯 가지 영어 학습 전략들에 대한 소개와 효과적인 어휘 습득 전략으로 구성되어 있으며, 부분적으로 초등학생에게 적용될 수 있으나, 대체로 중・고등학교 이상의 학생들에게 적합하다. 수학적 문제해결 전략 프로그램은 기초학습 과정에서 초인지적 사고를 향상시키는 것에 초점을 맞추었으며, 대체로 초등학교 학생들과 학습장애를 갖고 있는 학생들에게 적합할 수 있다. 또한 산만하고 부주의하여 실수가 잦은 학생들에게도 권장할 만하다. 즉, 수학적 문제해결 전략의 단계적인 문제해결 과정이 습관화된다면 문제를 잘못 읽거나, 핵심을 잘못 이해하고, 계산 과정에서 오류가 잦거나, 검토를 잘 하지 않아 발생하는 문제를 최소화할 수 있으며, 체계적이고 계획적인 방식으로 문제해결하는 능력을 향상시킬 수 있다.

2006년 7월

저자대표 최 정 원

e-mail: wise-mind@hanmail.net

차례

효과적인 외국어 학습 전략 : 영어

1. 외국어 학습 전략 리뷰

2. 효과적인 외국어 학습 전략 실제

수학적 문제해결 전략

1. 수학적 태도 점검 및 수학능력 향상을 위한 실천 방안

2. 논리적 탐구 활동을 통해 수학과 친해지기

3. 초인지적 수학능력 향상을 위한 ISLAND 전략

학생용 워크북

학습치료 프로그램

효과적인 외국어 학습 전략 : 영어

1. 외국어 학습 전략 리뷰
2. 효과적인 외국어 학습 전략 실제

효과적인 외국어 학습 전략 프로그램의 내용 및 세부 활동

프로그램의 내용	세부 활동	
외국어 학습 전략 리뷰	외국어 학습 전략의 구성요소	•기억 전략 •인지적 전략 •보상 전략 •초인지적 전략 •정서적 전략 •사회적 전략
효과적인 외국어학습 전략 실제	정교화 기법	•정교화의 정의 •정교화의 원리 •영어 단어 정교화하는 법 •영어 단어 정교화 연습
	사전 활용법	•효과적인 사전 활용 순서 •효과적인 사전 활용 예시 •효과적인 사전 활용 연습
	어원 활용법	•어원을 통한 어휘 습득 방법 예시 •어원을 통한 어휘 습득 방법 연습
	연어관계 활용법	•연어의 의미와 연어 학습법 •연어 활용 연습
	구조적 분석 및 파생어 분석법	•접사의 예 학습 및 추론 •접미사 사용 연습 •어근 및 어형 변화를 통한 어휘의 확장 •동의어 및 반의어를 통한 어휘의 증강
	맥락적 추론법	•정의 단서 •단어 주변 단서 •반복 기술되는 단서 •사례 단서 •전후 단서 •유사 및 대비 단서 •친숙한 경험과 이전 지식 •연상하기 •요약 단서

1. 외국어 학습 전략 리뷰

1) 외국어 학습 전략의 구성요소

외국어를 잘하도록 도와주는 학습 전략은 여섯 가지가 있습니다. 이 내용들은 지금까지 공부해 왔던 내용들과도 관련이 많습니다.

효과적인 외국어 학습 전략의 구성요소는 다음과 같습니다.

- **기억 전략** : 서로 관련 있는 것끼리 묶어 주고, 정교화시켜 주고, 시각적 심상 등을 활용하는 것을 말한다.
- **인지적 전략** : 반복, 아이디어 산출과 전달, 추론, 필기하기, 요약하기, 강조하기 등을 활용하는 것을 말한다.
- **보상 전략** : 말하기와 쓰기 외의 여러 가지 제스처나 단서 등을 활용하는 것을 말한다.
- **초인지적 전략** : 주의를 기울이고, 경청하고, 관련을 짓고, 계획을 세우고, 실천에 옮기고, 감찰하고, 평가하는 것 등을 말한다.
- **정서적 전략** : 긴장을 풀고, 긍정적으로 사고하고, 스스로를 칭찬하고, 감정을 다른 사람과 공유하는 것 등을 말한다.
- **사회적 전략** : 다른 사람의 경험에 공감하고, 협력하는 것 등을 말한다.

익숙한 내용이 많지요? 이제 좀 더 자세히 살펴보겠습니다.

※ 외국어 학습 전략은 이 워크북의 '기억력 향상 전략', '효과적인 읽기 및 필기 전략', '사고력 향상 전략', '시험 전략', '학업 스트레스 관리 전략' 등을 마친 후에 공부하는 것이 바람직합니다.

(1) 기억 전략

외국어 학습을 위한 기억 전략의 내용은 다음과 같습니다.

A	심적 연결고리를 생성하기 (creating mental linkages)	•묶기(grouping) •연상/정교화하기(associating/elaborating) •새로운 단어를 맥락에서 이해하기 (placing new words into a context)
B	이미지와 음성을 응용하기 (applying images and sounds)	•심상 사용하기(using imagery) •의미적 맵핑(semantic mapping) •핵심 단어를 활용하기(using keywords) •기억할 때 소리 내어 반복하기 (representing sounds in memory)
C	복습하기 (reviewing well)	•구조화된 방식으로 복습하기 (structured reviewing)
D	행위를 수반하기 (employing action)	•신체적 반응과 감각을 활용하기 (using physical response or sensation) •기계적인 방법을 활용하기 (using mechanical techniques)

A. **심적 연결고리의 생성**에는 범주화, 연상, 정교화, 맥락에 적절한 단어를 넣기 등이 있습니다. 범주화를 제외한 나머지 것들은 이 책 후반부의 '맥락적 단서 추론'에서 공부할 것입니다. 범주화는 '기억 전략'에서 배운 내용과 동일합니다. 다음의 영어 단어를 범주화를 사용해서 분류해 보세요.

예 시 보 기

ant	deer	butter	camel	stereo	chair
sofa	bed	cabbage	coffee maker	microwave	
beaver	refrigerator	broccoli	television	candy	

1. 동물 : ant, deer, camel, beaver
2. 가구 : sofa, bed, chair
3. 가전제품 : television, microwave, refrigerator, coffee maker, stereo
4. 음식 : butter, cabbage, broccoli, candy

연 습 문 제

다음의 영어 단어를 범주화를 사용해서 분류해 보세요.

toothbrush	ball	toothpaste	fork	towel
plate	blouse	tree	belt	kite
football	doll	spoon	coat	bluejeans
dentalfloss	bush	flowers	knife	

몇 개의 범주로 분류될 수 있나요? 범주의 이름과 항목을 정리해 보세요.

____

____

____

B. **이미지와 음성을 응용**하는 것에는 시각적 이미지화(마인드맵, 심상 등), 소리 내어 암기하며 기억하기 등이 있습니다. 시각적 이미지화의 예는 다음과 같습니다.

예 시 보 기

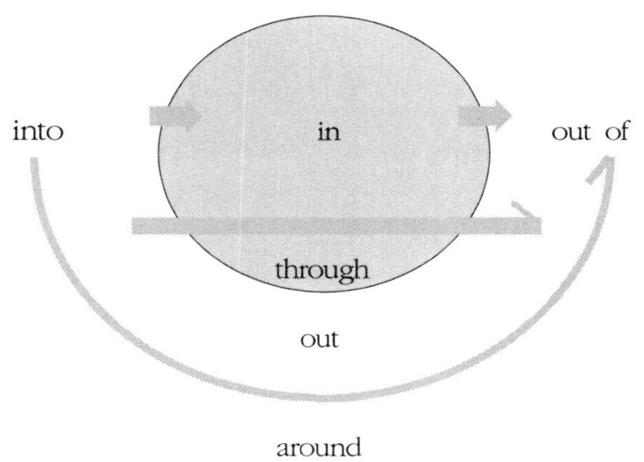

연 습 문 제

다음은 날씨와 관련된 단어들입니다. 마인드맵, 시각적 이미지를 활용해서 그림을 그려 보세요.

rainy	sunny	snowy	windy	clear
cloudy	hot	foggy	stormy	

C. **복습하기**는 여러분이 이미 잘 알고 있듯, 계획하에 복습을 자주 하는 것입니다. 지금까지 학습한 내용들을 잘 활용해서 효과적으로 복습할 수 있는 방법을 요약해 보면 다음과 같습니다.

효과적으로 복습하는 방법

- 그날 배운 것은 그날 복습한다(bedtime review를 습관화한다).
- 1주일 단위로 복습을 반복한다.
- 점차 기간을 늘려 2주, 한 달, 세 달 단위로 복습한다.
- 단어나 중요한 문장은 단어장이나 학습 카드를 만들어 틈나는 대로 본다.
- 알고 있는 단어나 문장을 일상생활에서 자주 활용한다.

D. **행위를 수반하기**는 눈으로 보거나 입으로만 말하는 것에 그치는 것이 아니라, 직접 손으로 쓰고 움직이며 공부하는 것을 말합니다. 공부를 할 때, 다양한 감각적 자극을 활용하게 되면 온 몸으로 공부한 내용을 기억할 수 있도록 해 줍니다. 당연히 기억이 잘 나겠지요?

예 시 보 기

다음 문구를 다양한 감각적 활동(보기, 말하기, 듣기, 머릿속에 그림 그리기, 쓰기)을 통해 기억해 보세요.

Shrimp has a shell on the outside that you take off. You eat the white meat inside the shrimp.

(2) 인지적 전략

외국어 학습을 위한 인지적 전략의 내용은 다음과 같습니다.

A	연습하기 (practicing)	•반복하기(repeating) •소리 내어 쓰면서 연습하기 (formally practicing with sounds and writing system) •공식이나 패턴을 떠올리고 활용하기 (recognizing and using formulas and patterns) •재결합하기(recombining) •일상에서 자연스럽게 연습하기 (practicing naturalistically)
B	메시지를 받고 보내기 (receiving and sending message)	•아이디어를 신속하게 이해하기 (getting the idea quickly) •메시지 송신을 위한 자원을 활용하기 (using resources for receiving and sending messages)
C	분석하고 추론하기 (analyzing and reasoning)	•연역적으로 추론하기(reasoning deductively) •표현을 분석하기(analyzing expressions) •언어를 대조적으로 분석하기 (analyzing contrastively-across language) •번역하기(translating) •바꾸어 표현하기(transfering)
D	입력과 산출을 위한 구조를 만들기 (creating structure for input/output)	•필기하기(taking notes) •요약하기(summarizing) •강조하기(highlighting)

A. **연습하기**는 반복하기, 말하거나 쓰면서 연습하기, 다른 공부 자료와 결합하기, 일상생활에서 자연스럽게 연습하기 등의 활동을 통한 공부 방법을 말합니다. 반복하면서 주요 문장을 기억하는 것도 이러한 활동의 예가 됩니다.

예 시 보 기

It' s time to sleep.

It' s time to study English.

It' s time to take a bath.

It' s time to go school.

연 습 문 제

May I～는 허락을 구하는 표현이지요. 몇 개의 문장을 만들어 보세요.

May I watch TV?

May I have this?

May I ______________________

May I ______________________

May I ______________________

May I ______________________

B. **메시지를 받고 보내기**는 '회화', '편지 받고 쓰기', '토론' 및 이를 다양한 '게임 활동' 등을 통한 공부 방법을 말합니다. 처음에는 어색할 수 있으나, 친구들과 그날 배운 내용을 영어로 이야기 나누면서 복습한다면 영어에 대한 자신감도 증진되고 대화 상황에 익숙해질 수 있습니다.

C. **분석하고 추론하기**를 연습할 수 있는 방법은 '생각'과 '추측'을 통해 답을 알아맞히는 퀴즈 게임입니다. 다음은 어떤 단어를 설명해 주고 있습니다. 답이 무엇인지 추측해서 답해 보세요.

예 시 보 기

Guess What?

A small, white food that looks like a seed. When you cook ______ in hot water it becomes soft and chewy.

정답 rice(쌀)

연 습 문 제

1

Guess What?

A large, sweet fruit that looks like a big pine cone with leaves at the top. ______ grow on trees in hot places.

2

Guess What?

The body part for picking things up. You have two. Each ______ has a thumb and four fingers.

3

Guess What?

A hand tool for cutting. ______ have two sharp metal blades on them.

4

Guess What?

Drops of water that fall from clouds. _____ helps flowers grow. _____ also fills up lakes and streams.

5

Guess What?

A water animal that has eight long arms called "tentacles." _____ means "eight feet." An _____ can catch fish and other sea thins with its tentacles.

6

Guess What?

A riding toy that has a metal frame, steels, rubber tires, a seat, two pedals and handlebars. Most _____ have two steels, but some have more. _____ riding is great exercise.

7

Guess What?

A paper that tells you about the world around you. A _____ has information about people, sports, the weather, TV and many other things.

D. **입력과 산출을 위한 구조를 만들기**는 노트필기, 요약하기, 강조하기와 같은 학습 방법을 활용하는 것입니다. 앞에서 배운 내용들을 영어 공부를 하는 데에도 그대로 적용할 수 있습니다.

(3) 보상 전략

외국어 학습을 위한 보상 전략의 내용은 다음과 같습니다.

A	지적으로 추측하기 (guessing intelligently)	•주석을 활용하기(using notes) •다른 단서를 활용하기(using others clues)
B	말하기와 쓰기에서 한계를 극복하기 (overcoming limitations in speaking and writing)	•다른 언어로 전환하기 (switching to the another tongue) •도움을 청하기(getting help) •몸짓이나 제스처를 활용하기(using mime or gestures) •단편적으로 혹은 시시콜콜히 표현하는 것을 삼가기 (avoiding communication partially or totally) •메시지를 선택하거나 짐작하기 (selecting or approximating the message) •단어를 만들어 내기(coining words) •완곡한 표현이나 비슷한 말을 활용하기 (using a circumlocution or synonym)

A. **지적으로 추측하기**란 문제를 풀 때 이해가 안 되거나 정답을 알 수 없을 때, 맥락 혹은 기타 단서 등을 통해 추측하는 활동과 관련이 있습니다. 문맥 내에서 적절한 단서가 주어지지 않을 때, 외부의 정보나 추론하기 위한 요령 등을 활용할 수 있습니다. 이 시험 전략에서 배운 내용들이 지적으로 추측하는 활동에서 응용될 수 있습니다.

B. 말하기와 쓰기의 한계를 극복하기는 제스처를 이용하거나, 신조어를 만들거나(콩글리시가 이에 해당되지요), 비슷한 말로 대치해서 표현하는 것 등을 말합니다. 특히, 회화 공부를 할 때는 이런 시도가 영어에 친숙해지는 데 도움이 될 수 있습니다. 처음부터 너무 잘하려고 하다보면 시행착오를 통해 배울 수 있는 기회를 놓치게 됩니다. 다음 단어를 이와 같은 방법을 활용하여 설명해 보세요.

연 습 문 제

1 bed

2 alarm clock

3 book

4 car

5 doll

(4) 초인지적 전략

외국어 학습을 위한 초인지적 전략의 내용은 다음과 같습니다.

A	배우는 것에 초점을 맞추기 (centering your learning)	•복습하고 기존의 것들과 관련짓기(overviewing and linking with already known material) •주의를 기울이기(paying attention) •듣는 것에 집중하고 말하는 것을 뒤로 미루기(delaying speech production to focus on listening)
B	자신과 약속을 정하고 계획하기 (arranging and planning yours)	•외국어 학습에 대해 찾고 배우기 (finding out about language learning) •조직화하기(organizing) •학습의 목표를 세우기 (setting goals and learning objective) •외국어 공부의 목적을 확인하기 (identifying the purpose of a language task) •외국어 공부에 대해 계획하기 (planning for a language task) •연습 기회를 찾기(seeking practice opportunities)
C	자신의 학습 과정을 평가하기 (evaluating your learning)	•자기 검토(self-monitoring) •자기 평가(self-evaluating)

초인지적 전략에 해당되는 내용은 이 책을 공부해 오면서 장시간 학습하고 연습해 온 활동들에 해당되는 내용입니다. 즉, 학습 내용에 집중하고 문제를 이해한 후, 해결책을 모색하고, 계획을 세우고, 단계적으로 실천에 옮기면서 그 과정을 점검하고, 스스로 평가하며 문제를 해결해 나가는 과정입니다. 영어를 공부한다고 해서 특별할 것이 없지요.

시간을 계획적으로 사용하고, 학습의 필요성을 인식하고, 구체적인 전략들을 활용하고, 자신의 수행에 대해서 자주 검토하고, 오답 노트를 작성하는 활동들을 성실히 실천해 왔다면, 초인지적 사고력은 상당한 수준에 올라와 있다고 할 수 있습니다.

(5) 정서적 전략

외국어 학습을 위한 정서적 전략의 내용은 다음과 같습니다.

A	불안을 경감시키기 (lowering anxiety)	•호흡이나 명상을 통한 점진적 이완법을 활용하기 (using progressive relaxation, your deep breathing, or meditation) •음악을 활용하기(using music) •웃음을 활용하기(using laughter)
B	스스로를 격려하기 (encouraging yourself)	•긍정적인 자기말을 하기 (making positive statements) •모험을 지혜롭게 감수하기 (taking risk wisely) •스스로에게 보상하기(rewarding yourself)
C	감정을 다루어 주기 (taking your emotional temperature)	•자신의 몸 상태에 귀기울이기 (listening to your body) •체크리스트를 활용하기(using a checklist) •외국어 학습일지를 쓰기 (writing a language learning diary) •다른 사람들과 감정을 나누기 (discussing your feeling with someone else)

정서적 전략의 내용 역시 익숙하지요? 시험불안 다루기 전략, 학습 동기 전략, 학업 스트레스 관리 전략에서 다루어진 내용들과 같습니다. 자신의 감정적 경험에 관심을 기울이고, 이를 효과적인 방식으로 표현하며, 스스로의 행동에 대해서 칭찬해 주고, 적절히 다른 사람들과 공유하는 것은 공부를 잘 해내는 데 있어서 없어서는 안 될 중요한 부분입니다.

자~ 지금, 여러분의 감정 상태는?
즐거운 일과 힘든 일은?
그것을 어렵지 않게 표현할 수 있나요?

(6) 사회적 전략

외국어 학습을 위한 사회적 전략의 내용은 다음과 같습니다.

A	질문하기 (asking questions)	•확실하게 이해하기 위해 질문하기 (asking for clarification or verification) •교정을 위해 질문하기(asking for correction)
B	다른 사람과 협력하기 (cooperating with others)	•협력하기(cooperating with others) •외국어를 유창하게 하는 사람과 협력하기 (cooperating with proficient users of the new language)
C	공감하기 (empathizing with others)	•문화에 대한 견문을 넓히기 (developing cultural understanding) •외국식 사고와 감정에 깨어 있기 (becoming aware of other's thoughts and feelings)

사회적 전략은 주변의 사람들과 어떻게 의사소통하며, 어떤 형태의 관계를 맺고 있는가와 관련이 있습니다. 즉, 효과적인 방식으로 의사소통을 하면서 서로 즐겁고 만족스러운 관계를 맺고 있느냐, 아니면 자주 싸움이 일어나고 감정이 상하며 서로 불편한 관계를 맺고 있느냐 하는 것 등입니다. 주변의 사람들과 편안한 관계를 맺을수록 학습 능률은 더 향상될 수 있습니다.

좋은 친구들과 함께 스터디 모임을 만들어 보세요. 평상시는 물론, 시험 공부를 할 때도 역할 분담을 잘 하면, 모두에게 좋은 결과를 가져올 수 있습니다.

2. 효과적인 외국어 학습 전략 실제

1) 정교화 기법

(1) 정교화의 정의

- 정교화란 공부해야 할 자료를 보다 효과적으로 기억하고 자기 것으로 만들기 위한 방법입니다.
- 기억해야 할 단어나 개념들 간에 관련성과 깊이를 더해 주어 쉽게 공부할 수 있을 뿐 아니라 또 쉽게 기억날 수 있게 하는 방법입니다.
- 여러분이 이미 배운 범주화 방법, 머릿글자 활용법, 그래픽 조직화 방법도 정교화의 한 종류입니다.
- 단어 정교화는 특히, 영어 단어를 암기할 때 매우 효과적인 방법입니다.

(2) 정교화의 원리

정교화를 할 때 알고 있어야 할 원리입니다.

- 정교화는 사전 지식과 의미 있게 연결되고 서로 모순이 없어야 합니다. 의미론적 측면에서 지나치게 파격적인 정교화는 효과가 없습니다. 또한 특정 영역에 대한 사전 지식이 충분하지 않은 경우에는 별로 효과적이지 못합니다. 따라서 지나치게 현학적이거나 비현실적인 내용의 정교화는 좋지 않습니다.
- 정교화는 연결할 정보들을 통합할 수 있어야 합니다. 예컨대, 다음의 주 이름을 암기할 때 (텍사스, 캘리포니아, 오리건, 콜로라도) '텍사스, 캘리포니아, 오리건, 콜로라도로 여행을 다녀왔다.' 는 좋은 정교화의 예가 아닙니다.
- 정교화는 논리적 관계가 있어야 합니다. 통합관계 외에 연합이 이루어질 단어 간에 맥락적

으로 의미가 통해야 합니다.

- 정교화는 생동감이 있는 것이 좋습니다. 시각적 심상을 적극적으로 활용하는 것이 바람직합니다.
- 일반적으로 정교화는 많이 하면 할수록 더 좋습니다. 단어를 기억하기 위해 문장을 만들 때도 단문보다는 의미상 연결이 잘 되는 여러 개의 문장을 만들어 보는 것이 좋습니다. 그러나 간결하게 정교화하는 것이 더 좋을 때도 있습니다.
- 정교화는 언어와 심상을 모두 활용하는 것이 좋습니다.

(3) 영어 단어 정교화하는 법

- 발음을 여러 번 반복하여 중얼거리면서 일상생활에서 비슷한 경험적인 매개언어를 생각하게 한다. 예컨대, 'fragile(프래질)' 이란 단어가 있으면 '프래질' 이라는 발음과 '약한, 부러질 것 같은' 이라는 말뜻을 '너무 약해서 쉽게 부러질 것 같다.' 라고 연결해 준다.
- 익숙한 경험적 언어를 발음 속에서 찾을 수 없을 경우에는 발음을 의미 있는 음절로 나누어 이야기를 만들도록 한다. 예컨대, 'velocity' 라는 단어가 있다면 'velo+city, 발로 시티 홀까지 전속력으로 달리자=속력' 과 같이 정교화할 수 있다.
- 단어의 모양을 보고 심상을 형성할 수 있는 특징을 찾아낸다. 예컨대, 'obesity : 비만' 이라는 단어에 대해서 '앞자 o처럼 동그랗게 배가 부른 사람' 을 생각하는 방식으로 정교화할 수 있다.
- 쉬운 단어를 이용하여 정교화시킨다. 예컨대, 'lineage : 혈통, 가계' 라는 단어의 경우 'line(선)+age(나이, 세대) : 세대를 잇는 선=혈통, 가계' 로 정교화할 수 있다.
- 단어에 대한 구조적 분석을 통해 정교화할 수 있다. 예컨대, 'inaudible' 의 경우 'in(not)+audire(to here) : 들을 수 없는' 으로 정교화할 수 있다.
- 정교화는 상상력과 창의성을 요한다. 반드시 타인과 공유할 필요는 없기 때문에 자신에게 의미 있다면, 신기하고 재미있고 기발한 것이 좋다.
- 정교화의 내용이 속되거나 공격적이거나 사회적으로 부적절한 내용일지라도 상관없다. 자극적인 것이 기억에 오래 남을 수 있다.
- 연습을 지속하게 되면 정교화의 속도와 질이 더욱 향상될 수 있다.

(4) 영어 단어 정교화 연습

영어 단어를 정교화하는 연습을 해 볼까요? 예시에서처럼 다음 단어를 정교화하는 연습을 해 보세요.

예 시 보 기

- fragile(프래질) : 약한, 깨지기 쉬운
  ⇨ 이 회초리는 너무 약해서 쉽게 부러질 것 같아.
- genuine(제뉴인) : 참된, 진짜의
  ⇨ 재 누이는 진짜로 예뻐.~
- retain : 보유하다－re(back)＋tenere(to hold)

연 습 문 제

1 soak : 물에 잠기다.

____

2 murmur : 중얼거리다.

____

3 cache : 숨겨 두는 곳, 은닉처

____

4 cur : 쓸모없는 개, 똥개

____

5 edifice : 크고 인상적인 건물

____

6 aggressor : 침략자, 공격자

7 din : 소음, 시끄러운 소리

8 velocity : 속도, 속력

9 accommodate : 수용하다, 호의를 베풀다.

10 fatigue : 피곤하게 하다, 지치게 하다.

11 urban : 도시의

12 duplicate : 똑같은 것 중 하나, 복사물

13 rural : 시골의

14 taciturn : 말수가 적은

15 lineage : 가계, 가문

16 tenacious : 강인한

17 opulence : 부유

18 alias : 가명

19 enigma : 수수께끼

20 divulge : 공개하다, 폭로하다.

21 antagonize : 적대시하다, 반감을 사다, 적대감을 갖게 하다.

22 inflate : 팽창시키다.

23 discord : 불일치, 불화, 내분

24 congregate : 집합하다, 모이다.

25 decease : 죽음, 사망

26 inaudible : 들을 수 없는

27 reverse : 뒤집다, 패배

28 retain : 보유하다.

2) 사전 활용법

(1) 효과적인 사전 활용 순서

글을 읽거나 말을 할 때, 매번 모든 어휘를 사전에서 찾아볼 필요는 없으나, 문맥을 통한 어휘 학습만으로는 정확하고 체계적인 학습이 어려운 경우도 종종 있습니다.

맥락적 단서가 빈약하거나 분명하게 어휘의 뜻을 알아야만 할 때, 그리고 전체적 의미를 파악하기 위해서나 어원, 유사어 및 반의어 등을 확인하고 어휘의 범위를 넓히고자 할 때 사전은 유용한 학습 도구입니다. 효과적인 사전 활용의 순서를 제시하면 다음과 같습니다.

효과적인 사전 활용 순서

- 문맥을 이용해서 의미를 추측하기
- 알고 있는 접사, 어원 등과 관련이 있는지 확인하기
- 사전 찾기(영영사전을 활용하기)
- 사전에서 확인한 의미를 문맥에서 다시 살펴보기
- 추측한 내용을 교정하기
- 가능한 경우 어원을 확인하기
- 어원과 함께 유사어, 반의어 등을 확인하고 기록하기

(2) 효과적인 사전 활용 예시

예 시 보 기

Lesson 1	사전 찾기 연습
문장에서 단어의 뜻을 생각해 보기	
Ann was humiliated by her friend's remarks.	
추측한 내용을 적기/교정하기	
→ 인간으로서의 체면이 깎이다? (어원에 대한 약간의 이해를 통해) → 앤은 친구의 말에 창피를 당했다.	
사전 찾기	
어 원	hum/hom=earth, man
의 미	lower the pride of dignity of
동의어	chasten, disgrace, embarrass, humble, mortify, shame
반의어	glorify

(3) 효과적인 사전 활용 연습

연 습 문 제

1

Lesson 1	사전 찾기 연습
문장에서 단어의 뜻을 생각해 보기	
All the women <u>cherished</u> the hope of their sons' safe return from the battlefield.	
추측한 내용을 적기/교정하기	
사전 찾기	
어 원	
의 미	
동의어	
반의어	

2

Lesson 2	사전 찾기 연습
문장에서 단어의 뜻을 생각해 보기	
The jury <u>acquitted</u> her of the crime.	
추측한 내용을 적기/교정하기	
사전 찾기	
어 원	
의 미	
동의어	
반의어	

3) 어원 활용법

(1) 어원을 통한 어휘 습득 방법 예시

단어의 기원과 변천사 등을 이해하면서 공부하는 것은 단순히 기계적으로 암기하는 것과는 달리, 단어에 대한 기억을 도울 뿐 아니라 새로운 학습 상황에서 단어의 의미를 추측할 수 있게 해 주며, 독해력의 향상에도 많은 도움을 줍니다. 어원 분석을 위해서는 영한사전, 영영사전 및 어원사전 등을 활용합니다. 다음 어원 분석 카드의 작성 예를 살펴보고, 연습 문제에서는 직접 찾아 만들어 보세요.

예 시 보 기

1

Lesson 1	어원 분석 : Octo
8을 뜻하는 octo가 영어로 10월을 뜻하게 된 배경	
로마력에서는 october가 여덟 번째 달이기 때문	
octo와 관련된 단어를 찾기	
octopus	문어
octave	옥타브(8음계)
octagon	8각형
octennial	8년마다
octogenarian	80대 노인

2

Lesson 2	어원 분석 : available-유용한, 쓸모 있는
available의 어원 분석	
a=to, vail/vale=be worth, be strong	
관련된 단어를 찾기	
valid	유효한, 근거가 있는
valetude	건강
validate	유용하다고 인정하다
valuate	평가하다
evaluate	평가, 감정하다
ambivalent	반대감정(가치) 등이 양립하는

3

Lesson 3	어원 분석 : illusion-환각, 환영, 착각
illusion의 어원 분석	
il=in, luse/lude=mock(모조의, 거짓의 가짜의)	
관련된 단어를 찾기	
allusion	암시, 언급
delusion	망상
elude	피하다, 교묘히 벗어나다
elusive	잘 빠져나가는
ludicrous	우스꽝스러운

(2) 어원을 통한 어휘 습득 방법 연습

연 습 문 제

1

Lesson 1	어원을 통한 어휘 지도 : illuminate–비추다, 계몽하다
illuminate의 어원 분석	
관련된 단어를 찾기	

2

Lesson 2	어원을 통한 어휘 지도 : compassion–동정, 연민의 정
compassion의 어원 분석	
관련된 단어를 찾기	

3

Lesson 3	어원을 통한 어휘 지도 : verify–확증하다
verify의 어원 분석	
관련된 단어를 찾기	

4

Lesson 4	어원을 통한 어휘 지도 : apprehension–이해, 염려, 불안
apprehension의 어원 분석	
관련된 단어를 찾기	

5

Lesson 5	어원을 통한 어휘 지도 : mortify-(정욕을)억제하다, 굴욕을 느끼게 하다
mortify의 어원 분석	
관련된 단어를 찾기	

6

Lesson 6	어원을 통한 어휘 지도 : faction-도당, 당파
faction의 어원 분석	
관련된 단어를 찾기	

7

Lesson 7	어원을 통한 어휘 지도 : hypothesis–가설, 가정
hypothesis의 어원 분석	
관련된 단어를 찾기	

4) 연어관계 활용법

(1) 연어의 의미와 연어 학습법

연어(collocation : 連語)는 두 단어나 그 이상의 단어들이 자주 연결되어 사용되면서 어떤 특정 의미를 갖게 된 상투적 혹은 관습적 표현의 한 형태라고 할 수 있습니다. 관용성의 차원에서 본다면 여러분이 알고 있는 관용어(숙어, idiom)와도 유사하지만, 문자 그대로의 의미가 크게 바뀌지 않는다는 점에 있어서 관용어와는 약간의 차이가 있습니다. 연어관계를 많이 알고 있으면 표현하고자 하는 바를 정확하게 표현할 수 있으며, 문법적인 오류를 줄일 수 있고, 유창성이 증가되어 의사소통능력이 눈에 띄게 향상될 수 있습니다.

연어 학습 노트법의 예를 살펴보면 다음과 같습니다. 우선 그날 배운 공부 내용 중에 연어관계에 있는 단어를 찾아 기록합니다. 나중에 사전에서 찾아 내용을 덧붙입니다.

예 시 보 기

<table>
<tr><td>Lesson 1</td><td colspan="4">A way of being</td></tr>
<tr><td>Group</td><td>A</td><td>Materials</td><td colspan="2">textbook, dictionary, and so forth</td></tr>
<tr><td rowspan="18">collocation boxes</td><td colspan="4">1. New words : mindfulness, self-actualization, empathy, genuineness, self-alienation
2. Filling in collocation boxes</td></tr>
<tr><td colspan="2">A. non+non</td><td colspan="2">B. verb+adjective</td></tr>
<tr><td rowspan="3">home</td><td>care</td><td rowspan="6">feel</td><td>good</td></tr>
<tr><td>maker</td><td>enough</td></tr>
<tr><td></td><td></td></tr>
<tr><td rowspan="3">child</td><td>psychology</td><td></td></tr>
<tr><td>abuse</td><td></td></tr>
<tr><td></td><td></td></tr>
<tr><td rowspan="3">double</td><td>troubles</td><td rowspan="3">hold</td><td>good</td></tr>
<tr><td>bind</td><td>down</td></tr>
<tr><td></td><td></td></tr>
<tr><td colspan="2">C. verb+noun</td><td colspan="2">D. adjective+none</td></tr>
<tr><td>keep</td><td>an open mind</td><td>personal</td><td>history</td></tr>
<tr><td rowspan="2">make</td><td>sense</td><td>traumatic</td><td>experience</td></tr>
<tr><td>a difference</td><td>psychological</td><td>mind</td></tr>
<tr><td rowspan="3">lose</td><td>one's temper</td><td colspan="2">E. verb+PP</td></tr>
<tr><td></td><td rowspan="2">follow</td><td>in one's footsteps</td></tr>
<tr><td></td><td></td></tr>
</table>

두 번째 방법은, 공부했던 연어를 이용하여 의사 표현법을 익히는 것입니다. 연어를 활용한 매우 간결하면서도 효과적인 의사 표현법들이 많습니다.

예 시 보 기

우리말 표현을 영어 연어로 옮기기	
take 동사를 활용하시오.	
자리에 앉으세요.	Take a seat.
조심하세요.	Take care of yourself.
시작하세요.	Take it a way!
파티에 참석해 주세요.	Please take part in a party.
친구를 이용하지 말라.	Don't take advantage of your friend.

● 알아두면 좋은 필수 연어 및 관용어 목록

필수 연어 및 관용어 목록 (1)			
a piece of cake	손쉬운 일	drag on and on	질질 끌다
a white lie	선의의 거짓말	drag one's feet	필요 이상으로 지연하다
act one's age	나이값을 하다	easy does it	신중하라
all ears	귀담아 듣는	eat one's hat	손에 장이라도 지지겠다
all for it	전적으로 동감하는	far-fetched	믿기 어려운, 황당한
bent on	~할 결심인	feel down in the mouth	우울하다
black out	기절하다	feel under the weather	몸이 찌뿌드드하다
break the ice	서먹한 분위기를 깨다	for real	진지한
call it a day	퇴근하다	get a move on	서두르다
can't take it	참기 힘들다	get the picture	잘 이해되다
come in handy	유용하다	get to	~할 기회를 갖다
check in	투숙하다	go dutch	각자 지불하다
come of age	성년이 되다	hands on	실용적인
cool as a cucumber	침착한, 냉정한	have a big mouth	수다스럽다
crocodile tears	위선적 눈물	have a thing about	집착하다
cross one's mind	뇌리를 스치다	hit home	깊은 감동을 주다
cut it out	그만둬!	I can live with that	수용할 수 있다
dawn on	~에게 명확히 이해되다	if I do say so myself	자화자찬일지 모르지만
don't get me wrong	오해하지 마세요	in a fog	오리무중인
don't you see?	정말 모르겠어?	in all likelihood	십중팔구는
double troubles	큰 골칫거리	in no time	즉, 곧
do time	복역하다	in stock	판매할 수 있는
dress someone down	야단치다	in the dark	혼란스러운
down the drain	수포로 돌아간	in your face	성가신
drive a hard bargain	흥정을 잘하다	it figures!	그럴 줄 알았어. 당연하지
do as one sees fit	좋을 대로 하다	it remains to be seen	두고 보면 안다

필수 연어 및 관용어 목록 (2)			
account for	설명하다, 이유를 밝히다	come up with	~을 생각해 내다
accustomed to	~에 익숙한	cut in	간섭하다
adequate for	~에 충분한	die down	차차 진정되다
adjust to	~에 순응하다	do one's part	본분을 다하다
all along	내내, 처음부터	dress down	간편한 옷을 입다
all but	거의	dress up	잘 차려입다
all told	모두, 다 합해서	drop by	불쑥 들르다
as a rule	대개, 일반적으로	end in	결국 ~이 되다
as follows	다음과 같이	eligible for	~에 적임인
as far as	~하는 한	fact up to	~에 용감하게 맞서다
as it were	다시 말하면	fed up with	~에 물린, 넌더리나는
back and forth	이리 저리로	figure out	해결하다
back out	취소하다	figure up	합계하다
bank on	~을 믿다	for a rainy day	만일의 경우에 대비하여
be about to	막 ~하려 하다	for(with) all	~에도 불구하고
be averse to(from)	~에 반대하다	get across	설명하다
be subject to	~을 받기 쉽다	get away	도망치다
call off	취소하다	get over	극복하다
calm down	진정시키다	get in the way	방해하다
catch on	이해하다	get rid of	제거하다
catch on glimpse of	~을 힐끗 보다	give a hand	도와주다
catch up with	~을 따라잡다	go about	착수하다
cheer up	격려하다	go over	검토하다
chew out	~을 호되게 꾸짖다	have a eye for	~을 볼 줄 알다
come along	동행하다	hit upon	우연히 발견하다
come out	알려지다	head for	~로 향해 가다

(2) 연어 활용 연습

다음 문장을 영작해 보세요. 앞서 살펴본 연어 및 관용어 목록을 참고하세요.

1. 점심은 각자 지불하자.	
2. 어서 서둘러.	
3. 오늘은 왠지 찌뿌드드해.	
4. 제발 질질 끌지 좀 마!	
5. 수민이는 수다쟁이야.	
6. 난 혼란스러워.	
7. 그 일은 도무지 믿기지가 않아.	
8. 지금 즉시 출발해.	
9. 자화자찬일지 모르지만...	
10. 노력 없이 되는 일은 없지.	
11. 나랑 함께 갈래?	
12. 시간 참 빠르지?	
13. 잘 차려입었는데! 멋지다.	
14. 내가 아는 한 재원이는 정말 바빴어.	
15. 어떻게 그걸 알았어?	
16. 나 이해할 수 있어?	
17. 당연하지, 그럴 줄 알았어!	
18. 두고 보면 알아.	
19. 내 이야기 좀 귀담아 들어.	
20. 그녀는 매우 침착해.	

위의 문장들은 연어관계와 관용어를 공부하면 쉽게 구사할 수 있는 회화적 표현입니다.

5) 구조적 분석 및 파생어 분석법

구조적 분석(structural analysis) 및 파생어 분석은 단어에서 접사나 어근 등을 이해하여 단어의 일정한 뜻을 추론해 낼 수 있도록 하는 방법입니다. 접사(접두사 및 접미사)나 어근을 파악하고 있으면, 그와 관련되는 새롭고 다양한 어휘의 뜻을 유추해 낼 수 있으며, 기계적인 암기보다 효율적으로 어휘를 학습할 수 있습니다. 구체적인 지침과 절차는 다음과 같습니다.

구조적 분석 및 파생어 분석법

- 첫째, 접두사의 종류를 공부하고 문맥 속에서 접두사가 포함된 단어의 의미를 추론한다.
- 둘째, 접미사의 경우 어근에 접미사를 붙이는 연습을 하고, 문장 내에서 적절히 어형 변화를 연습한다.
- 셋째, 단어의 어근과 다양한 어형 변화를 통해 어휘 그물망을 확장한다.
- 넷째, 동의어/반의어를 통해 어휘력을 증강시킨다.

(1) 접두사 사용 연습

아래에 공부해 두어야 할 접두사의 종류가 제시되어 있습니다. 각각의 단어가 무엇을 뜻할지 추측해 본 후, 사전에서 정확한 뜻을 찾아보세요.

접두사	의 미	단어의 예
ab, ex, de	away from	aberration, abnormal, expel, excellent, deport, deprivation
ante	before	antecedent, antedate, antecessor, antemeridian
anti	against	antidote, antisocial, antiauthoritarian, antiserum
auto	self	autobiography, autonomous, automobile, autonomy
bi	two, twice	bicycle, bilingual, biaxal, bidaily, biconditional
centi	hundred	centimeter, century, centigrade, centipede, centimillionaire
circum	around	circumnavigate, circumscription, circumference, circumscribe

com	with	committee, combat, combination, combined
dis	opposite of	discomfort, distrust, disable, disagree, disappear
inter	between	intercept, interaction, interchange, intercontinental
micro	small	microscope, microbeam, microfilm, micron
over	excessive	oversleep, overeat, overabundance, overdone
phone	sound	phonograph, phonologist, phoneme, phone boot
post	after	postscript, postpone, postcibal, posterity, postmodernism
pre	before	prerequisite, preadolescence, precedence, precipitant
pro	forward, forth	prospect, prominent, propose, probability, process
sub	under	subway, subterranean, subgroup, subdue
trans	across	transform, translate, transaction, transmitter

다음은 부정의 의미를 갖는 접두사와 숫자의 의미를 갖는 접두사입니다. 각 단어의 뜻을 추측해 보고 사전에서 정확한 뜻을 찾아보세요.

부정의 의미를 갖는 접두사 목록	
접두사	단어의 예
a	amoral, amorphous
il	illegal, illegitimate, illogical
im	impossible, immature, impassable
in	ineffective, inefficient, indelicate
ir	irregular, irredeemable, irrelevant, irresponsible
un	unbelievable, uncertain, untrue, unknown

숫자의 의미를 갖는 접두사	
접두사	단어의 예
mono(1)	monologue, monodrama, monogamy
bi(2)	bilingual, biangular, bisexual, biannual
tri(3)	triangle, triad, triarchy, tricyclic
quad(4)	quadrangle, quarter, quadriad
penta(5)	pentagon, pentagram, pentangular
oct(8)	octagon, october, octopus, octogenarian
poly(다수)	polycentrism, polyester, polygamy

연 습 문 제

제시된 접두사의 의미를 확인하고 문장의 뜻을 추측해 보세요.

1 mono(1), bi(2), tri(3), quad(4), penta(5), oct(8), poly(many)

1) Monogamy is a traditional marriage system nearly every country.

____

2) He is a polyhistorian. Whenever you have some questions on that, ask him at once.

____

3) She can speak English and French. She is bilingual.

____

4) He often visits a library bimonthly.

____

2 ante(before)

1) Little is known about his birth and antecedents.

2) Ante meridian is opposite of post meridian

3 a, il, im, in, ir, un (not)

1) Snow made the roads impassable.

2) It is illegal to sell tobacco to children.

3) Inefficient means laking the power or skill to do or produce something in the best.

4) The time of dad arrival is uncertain.

5) There is no logic in you last remark, it' s irrelevant.

6) Tom still just an immature youth with a superficial view of everything.

4 circum(around)

Tell me every circumstance of what happened last month.

(2) 접미사 사용 연습

접미사의 경우 어근에 접미사를 붙이는 연습을 하고, 문장 내에서 적절히 어형 변화를 연습한다.

접미사	의 미	단어의 예
able, ible	able to be	possible, breakable, comprehensible, washable, portable
al	relating to	psychological, medical, provincial, electrical,
ance, ence	relating to	governance, dependence, independence, balance, ambivalence
ful	possessing	careful, cheerful, delightful, beautiful, wonderful, painful
ion	quality of	communion, communication, conversation, construction
ity	quality of	identity, community, ambiguity, animosity
ment	quality of	comment, entertainment, amazement
ous	possessing	famous, autonomous, notorious, wondrous
tive	quality of	active, attractive, creative, seductive, deductive
y	possessing	healthy, wealthy, foggy, cloudy, windy

연 습 문 제

다음 문장에 맞게 괄호 안의 단어를 변형하시오.

1 She is very (cheer), like her sister.

2 You must be very (care) when you drive in a (rain) day.

3 You can carry only a (port) bag in the cabin.

4 It' s a very (wind) day.

5 Is there a (psychology) center around here?

6 I am finding some (porter) bags.

7 What is a (autonomy) variable in this research?

(3) 어근 및 어형 변화를 통한 어휘의 확장

예 시 보 기

Root(어근 : 의미)	Verb(동사)	Noun(명사)
grat/gree/grace : pleasing	ingratiate	gritification
path/pati/pass : feel, suffer	pass	apathy
greg : gather	aggregate	congregation
mand/mend : order	reprimand	mandate
scrib/script : write	circumscribe	manuscript
voc/vok/vow : call, voice	avow	avocation
dic(t) : say	abdicate	diction
fa/fess : say, talk	profess	confession
cede/cess : go	decease	access
du(c) : lead	abduct	induction
cred/creed : believe	discredit	credo
feal/feder/fi/fid : trust	defy	fidelity
nov : new	innovate	novelty
ver/veri : true, truth	verify	veracity
sol/soli : alone	desolate	solitude
surg/sour/surrect : spring up	surge	resurrection
flu : flow	flux	influx
min : small	minimize	miniature
magni/majes : great	magnify	magnitude
vert/vers : turn	convert	invert
labor : work	collaborate	elaboration
solv/solu(t) : loosen	dissolve	resolution
tain/ten/tent : hold	retain	detention
trud/thrust/trus : push	intrude	thrust
pend/pens/pond : hand, weigh, consider	append	appendix

연 습 문 제

다음 단어의 어근과 의미를 밝히고, 어형 변화를 통해 관련 어휘를 3개 이상 찾아 쓰세요.

1 prediction

2 submissive

3 disorder

4 society

5 signature

6 solitary

7 capable

8 formation

9 discord

10 reject

(4) 동의어 및 반의어를 통한 어휘의 증강

새로운 단어를 공부할 때 가능한 한 동의어와 반의어를 함께 찾고, 문장 내에서 대치 가능한 동의어나 반대가 되는 단어를 떠올려 보는 것이 좋습니다. 관련 문제를 자주 풀어 보는 것도 좋습니다.

예 시 보 기

confirm

= prove, substantiate, verify, affirm,

↔ deny, contradict

My physician thought I had broken my leg, and an Xray later confirmed his opinion.

밑줄 친 단어와 대치할 수 없는 것은? (b)

a. proved b. contradicted

c. verified d. affirmed

연 습 문 제

1 다음 단어의 동의어와 반의어를 찾고 문제를 풀어 보세요.

permanent

= ↔

When my friend moved to San Francisco, he asked me to write to him at his temporary address, the Gateway Hotel. He promised to send me his permanent address as soon as his family could find an apartment.

밑줄 친 단어와 그 의미가 대비되는 단어는?

a. invariable b. constant

c. temporary d. immutable

2 다음 단어들의 동의어와 반의어를 찾아 기록하세요.

avid	=
	⇔
affluent	=
	⇔
abundant	=
	⇔
greedy	=
	⇔
deft	=
	⇔
incoherent	=
	⇔
concord	=
	⇔
accede	=
	⇔
conform	=
	⇔
reluctant	=
	⇔

6) 맥락적 추론법

생소한 어휘의 의미를 이해하는 가장 효과적인 방법 중의 하나는 문장 내에 있는 다른 단어나 전체적인 흐름으로부터 단서를 찾아내는 일입니다. 이렇게 주어진 단서를 맥락적 단서라고 부릅니다. 맥락적 단서 추론을 위한 구체적인 지침은 다음과 같습니다.

맥락적 단서 추론법

- 그 단어가 문장 내에서 어떻게 정의되어 있는지 살펴보기
- 단어 주변의 구두점, 쉼표, 괄호 전후의 단어와 문장에 주의를 기울이기
- 반복되어 언급되는 단어에 집중하기
- 예로 든 문장을 잘 살펴보기
- 생소한 단어나 용어를 포함하고 있는 문장의 전후에 나타나는 단서에 귀기울이기
- 유사하거나 대비가 되는 단서를 찾기
- 친숙한 경험과 이전 지식으로부터 추측하기
- 새로운 단어의 의미를 문맥을 통해 연상해 보기
- 요약되어 있는 부분을 통해 추론하기

(1) 정의 단서

그 단어가 문장 내에서 어떻게 정의되어 있는지 살펴본다.

예 시 보 기

Gestalt psychology is a school of psychology based on the concept that the whole is greater than the sum of its parts.

Gestalt psychology의 특성은 뭘까? (해석하려 하지 말고, 알고 있는 선에서 추측함)

뒷문장에서 제시된 '전체는 부분의 합 이상'이라고 설명된 부분에서 추측해 본다면, 심리적 구조나 특성에 대한 세세한 분석보다는 총체적 경험이나 현상을 더 강조하는 입장이 아닐까?

(Gestalt psychology의 철학에 근접해 감)

연 습 문 제

1 Empathy is the ability to share, understand and feel another person's feelings.

나의 추측

2 Sublimation is the channelling of amorally or socially unacceptable impulse towards something else, especially some form of creativity, that is considered more appropriate.

나의 추측

(2) 단어 주변 단서

단어 주변의 구두점, 쉼표, 괄호 전후의 단어와 문장에 주의를 기울인다.

예 시 보 기

His room is in a terrible mess; he is very slovenly.

mess가 '더럽고 불결하다니까', 당연히 '지저분하고 깔끔하지 못하다'는 의미일 것이다.

(slovenly는 '단정치 못하다' 는 의미)

연 습 문 제

1 Practically all wild dogs have upright, pointed ears.

나의 추측

2 In times of economic depression, merchants' supplies dwindle.

나의 추측

(3) 반복 기술되는 단서

반복되어 언급되는 단어에 집중한다.

예 시 보 기

He is arrogant or offensively self-assertive.

or 뒤가 '공격적으로, 자기주장적'이라는 이야기이니까, 분명 좋은 의미는 아닐 테고, 지나치게 자기중심적이고 남의 기분을 상하게 하는 태도일 것 같다.

(arrogant는 '거만한, 오만한' 이라는 뜻임)

연 습 문 제

1 The dog is massive, very huge and heavy.

나의 추측

2 The old man is strained; he is tense and nervous.

나의 추측

3 That was John' s personal credo, or belief.

나의 추측

(4) 사례 단서

예를 든 문장을 잘 살펴본다.

예 시 보 기

"He is as sharp as tack" is an example of a smile.

앞에 as~as 가 '~처럼 ~한' 이니까, 직유법 아닐까?

(정확함)

연 습 문 제

1 A man who attempts to pass for more than he is worth is said to be pretentious.

나의 추측

2 He never reads a book but does enjoy periodicals. For example, he reads Reader' s Digest, Newsweek, and Sports illustrated every week.

나의 추측

(5) 전후 단서

생소한 단어나 용어를 포함하고 있는 문장의 전후에 나타나는 단서에 귀를 기울인다.

예 시 보 기

John is so garrulous that nobody else gets a chance to say anything.

아무도 말할 기회를 갖지 못한다니까, '엄청 수다스럽다' 내지는 '말이 많다?'

(garrulous는 수다스러운, 말 많은, talkative)

연 습 문 제

1 He could not say no to the request because he is a meek person.

나의 추측

2 My mother is so credulous that she believes everything she is told.

나의 추측

(6) 유사 및 대비 단서

유사하거나 대비가 되는 단서를 찾는다.

예 시 보 기

To be more circumspect is to be cautious.(유사)

cautious가 '주의 깊은, 사려 깊은'이니까, 이와 유사한 의미로 '신중한, 조심스러운?'

Unlike her ingenious sister, she is dull.(대비)

Unlike가 있고 dull이 있으니까, '똑똑한, 지혜로운?'

연 습 문 제

1 One brother is stocky, but the other is tall and slim.

나의 추측

2 There is a great difference between liberty and licence.

나의 추측

3 Like her supercilious sister, Nancy is also haughty and snobby.

나의 추측

(7) 친숙한 경험과 이전 지식

친숙한 경험과 이전 지식으로부터 추측한다.

예 시 보 기

The poor man is destitute of money.
가난한 사람이라면 돈이 아쉬울 거야. 결핍?
(destitute는 '궁핍, 곤궁, 빈곤한' 의 의미)

연 습 문 제

1 The warmth of the room made the student doze.

나의 추측

2 In Nathaniel Hawthorne's The Scarlet Letter, Reverend Dimmesdale succumbed to hester's cham.

나의 추측

3 Artificial respiration saved the little boy who almost drowned in his aunt's pool.

나의 추측

(8) 연상하기

새로운 단어의 의미를 문맥을 통해 연상해 본다.

예 시 보 기

I just can' t figure out the answer to that question because it is so difficult.

어려운 문제이니까, '해결'? '이해'할 수 없다.

연 습 문 제

1 Monkeys constantly groom on another, thus reinforcing the social bonds necessary to their survival.

나의 추측

2 The Brown family used to live in that house, but Mr. and Mrs. Arnold art the occupants now.

나의 추측

(9) 요약 단서

요약되어 있는 부분을 통해 추론한다.

예 시 보 기

Aunt Lena has an appointment with the ophthalmologist nex Wednesday. For several weeks now, she has been having more and more troubles with her eyes, she cannot see as well aw before, and she is afraid she also has some type or eye infection.

눈에 문제가 있었고, 마지막 문장에 감염이라는 이야기가 나왔으니, 당연히 '안과 의사'겠다.

연 습 문 제

1 The omnipotent king decreed that no citizen in the land could have any rights. The king declared that he alone has all the power.

나의 추측

2 Davos, Switzerland, was pretty well-known to many tubercular patients. They went there to take advantage of the high mountain air. It was a good health resort.

나의 추측

학생용 워크북

학습치료 프로그램

수학적 문제해결 전략

1. 수학적 태도 점검 및 수학능력 향상을 위한 실천 방안
2. 논리적 탐구 활동을 통해 수학과 친해지기
3. 초인지적 수학능력 향상을 위한 ISLAND 전략

수학적 문제해결 전략 프로그램의 내용 및 세부 활동

프로그램의 내용	세부 활동
수학적 태도 점검 및 수학능력 향상을 위한 실천 방안	•수학에 대한 나의 생각과 태도 •수학능력 향상을 위한 실천 방안
논리적 탐구 활동을 통해 수학과 친해지기	•참-거짓 구분하기 •조건의 분석과 정리를 통한 추론 •연역적 탐구 활동을 통한 추론 •창의적 사고 활동을 통한 추론
초인지적 수학능력 향상을 위한 ISLAND 전략	•ISLAND 전략의 정의 •ISLAND 전략의 예시 •ISLAND 전략의 연습

1. 수학적 태도 점검 및 수학능력 향상을 위한 실천 방안

1) 수학에 대한 나의 생각과 태도

수학에 대한 생각과 태도는 수학 공부를 하는 데 많은 영향을 미칠 수 있습니다. 다음 내용을 잘 읽고 자신에게 해당되는 칸에 표시해 보세요.

질문 내용	그렇지 않다	약간 그렇다	꽤 그렇다	많이 그렇다
수학 문제를 풀 때 즐겁다.	1	2	3	4
답이 쉽게 나오지 않는 문제를 푸는 것을 좋아한다.	1	2	3	4
중요한 수학적 개념이나 공식을 배우는 것이 좋다.	1	2	3	4
수학이 재미있는 과목이라고 생각한다.	1	2	3	4
숫자를 활용한 공부가 재미있다.	1	2	3	4
수학이 일상생활에 도움을 준다고 생각한다.	1	2	3	4
나중에 수학을 활용할 수 있는 직업을 갖고 싶다.	1	2	3	4
수학 문제를 풀 때 집중을 잘한다.	1	2	3	4
다양한 방법으로 문제 푸는 것을 좋아한다.	1	2	3	4
답이 나올 때까지 포기하지 않고 열심히 푼다.	1	2	3	4
수학을 잘하기 위해 꾸준히 노력한다.	1	2	3	4
수학에 대해 자신감을 갖고 있다.	1	2	3	4
수학 시간이 좋다.	1	2	3	4
수학에 대해 생각하는 것을 좋아한다.	1	2	3	4
일상생활에서 내가 알고 있는 수학 지식을 활용한다.	1	2	3	4

나의 총점 ______________________

- 60~55점 : 수학에 대한 태도가 우수함. 수학 분야가 적성에 맞을 가능성이 매우 높음.
- 54~40점 : 수학에 대한 태도가 좋음. 그러나 간혹 나태해질 소지가 있음.
- 39~30점 : 수학에 대한 태도가 때때로 불안정함. 노력을 지속하면 개선될 가능성 높음.
- 29~20점 : 수학에 대한 태도가 다소 부정적임. 수학에 대한 자신감 결핍, 불안이 있을 수 있음.
- 19점 이하 : 수학에 대한 태도가 매우 부정적임. 수학 분야가 적성에 맞지 않음. 그러나 노력은 포기하지 말 것.

※ 이 질문지는 수학에 대한 태도를 점검해 보기 위한 것이며, 수학적 태도를 객관적으로 측정하는 도구는 아닙니다.

2) 수학능력 향상을 위한 실천 방안

1 배울 것을 미리 살펴본다.

2 이해 중심으로 공부하지만, 새로운 공식은 반드시 외운다.

3 수업 시간에 배운 내용은 되도록 그 시간에 이해하려고 노력한다.

4 공부하면서 중요하다고 생각하는 것은 표시해 둔다.

5 중요한 문제는 여러 번 반복해서 풀어 본다.

6 문제집을 이용해 문제를 많이 풀어 본다.

7 틀린 문제는 한 번 더 풀어 본다.

8 틀린 문제는 어디가 틀렸는지 확인하고 반드시 표시해 둔다.

9 어려운 문제라도 쉽게 포기하지 않는다.

10 혼자 풀 수 없는 문제는 도움을 받아서라도 반드시 알고 넘어간다.

11 까다로운 문제는 풀이 과정을 외운다.

12 그림이나 기호로 표시해 볼 수 있는 문제는 먼저 그려 본다.

13 계산 과정을 차근차근 적어 가며 푼다.

14 다 푼 후에는 반드시 검토한다.

15 시험 전에는 중요한 문제를 집중적으로 푼다.

16 시험 공부를 할 때는 예상 문제를 만들어 본다.

17 문제를 잘 풀 수 있을 것이라는 자신감을 갖는다.

18 시험을 볼 때는 쉬운 문제부터 풀어 둔다.

19 만약 문제를 풀다가 막히면 침착하게 다른 문제부터 먼저 푼다.

20 매일 일정한 시간 수학 공부를 한다.

수학능력 향상을 위한 실천 방안 : 행동에 옮기기(1주)

실천 내용	노력 안 했다	약간 했다	많이 했다	아주 많이 했다
배울 것을 미리 살펴본다.	1	2	3	4
이해 중심으로 공부하지만, 새로운 공식은 반드시 외운다.	1	2	3	4
수업 시간에 배운 내용은 되도록 그 시간에 이해하려고 노력한다.	1	2	3	4
공부하면서 중요하다고 생각하는 것은 표시해 둔다.	1	2	3	4
중요한 문제는 여러 번 반복해서 풀어 본다.	1	2	3	4
문제집을 이용해 문제를 많이 풀어 본다.	1	2	3	4
틀린 문제는 한 번 더 풀어 본다.	1	2	3	4
틀린 문제는 어디가 틀렸는지 확인하고 반드시 표시해 둔다.	1	2	3	4
어려운 문제라도 쉽게 포기하지 않는다.	1	2	3	4
혼자 풀 수 없는 문제는 도움을 받아서라도 반드시 알고 넘어간다.	1	2	3	4
까다로운 문제는 풀이 과정을 외운다.	1	2	3	4
그림이나 기호로 표시해 볼 수 있는 문제는 먼저 그려 본다.	1	2	3	4
계산 과정을 차근차근 적어 가며 푼다.	1	2	3	4
다 푼 후에는 반드시 검토한다.	1	2	3	4
시험 전에는 중요한 문제를 집중적으로 푼다.	1	2	3	4
시험공부를 할 때는 예상 문제를 만들어 본다.	1	2	3	4
문제를 잘 풀 수 있을 것이라는 자신감을 갖는다.	1	2	3	4
시험을 볼 때는 쉬운 문제부터 풀어 둔다.	1	2	3	4
만약 문제를 풀다가 막히면 침착하게 다른 문제부터 먼저 푼다.	1	2	3	4
매일 일정한 시간 수학 공부를 한다.	1	2	3	4

한 주간의 나의 노력 점수 ________점

수학능력 향상을 위한 실천 방안 : 행동에 옮기기(2주)

실천 내용	노력 안 했다	약간 했다	많이 했다	아주 많이 했다
배울 것을 미리 살펴본다.	1	2	3	4
이해 중심으로 공부하지만, 새로운 공식은 반드시 외운다.	1	2	3	4
수업 시간에 배운 내용은 되도록 그 시간에 이해하려고 노력한다.	1	2	3	4
공부하면서 중요하다고 생각하는 것은 표시해 둔다.	1	2	3	4
중요한 문제는 여러 번 반복해서 풀어 본다.	1	2	3	4
문제집을 이용해 문제를 많이 풀어 본다.	1	2	3	4
틀린 문제는 한 번 더 풀어 본다.	1	2	3	4
틀린 문제는 어디가 틀렸는지 확인하고 반드시 표시해 둔다.	1	2	3	4
어려운 문제라도 쉽게 포기하지 않는다.	1	2	3	4
혼자 풀 수 없는 문제는 도움을 받아서라도 반드시 알고 넘어간다.	1	2	3	4
까다로운 문제는 풀이 과정을 외운다.	1	2	3	4
그림이나 기호로 표시해 볼 수 있는 문제는 먼저 그려 본다.	1	2	3	4
계산 과정을 차근차근 적어 가며 푼다.	1	2	3	4
다 푼 후에는 반드시 검토한다.	1	2	3	4
시험 전에는 중요한 문제를 집중적으로 푼다.	1	2	3	4
시험공부를 할 때는 예상 문제를 만들어 본다.	1	2	3	4
문제를 잘 풀 수 있을 것이라는 자신감을 갖는다.	1	2	3	4
시험을 볼 때는 쉬운 문제부터 풀어 둔다.	1	2	3	4
만약 문제를 풀다가 막히면 침착하게 다른 문제부터 먼저 푼다.	1	2	3	4
매일 일정한 시간 수학 공부를 한다.	1	2	3	4

한 주간의 나의 노력 점수 __________점

수학능력 향상을 위한 실천 방안 : 행동에 옮기기(3주)

실천 내용	노력 안 했다	약간 했다	많이 했다	아주 많이 했다
배울 것을 미리 살펴본다.	1	2	3	4
이해 중심으로 공부하지만, 새로운 공식은 반드시 외운다.	1	2	3	4
수업 시간에 배운 내용은 되도록 그 시간에 이해하려고 노력한다.	1	2	3	4
공부하면서 중요하다고 생각하는 것은 표시해 둔다.	1	2	3	4
중요한 문제는 여러 번 반복해서 풀어 본다.	1	2	3	4
문제집을 이용해 문제를 많이 풀어 본다.	1	2	3	4
틀린 문제는 한 번 더 풀어 본다.	1	2	3	4
틀린 문제는 어디가 틀렸는지 확인하고 반드시 표시해 둔다.	1	2	3	4
어려운 문제라도 쉽게 포기하지 않는다.	1	2	3	4
혼자 풀 수 없는 문제는 도움을 받아서라도 반드시 알고 넘어간다.	1	2	3	4
까다로운 문제는 풀이 과정을 외운다.	1	2	3	4
그림이나 기호로 표시해 볼 수 있는 문제는 먼저 그려 본다.	1	2	3	4
계산 과정을 차근차근 적어 가며 푼다.	1	2	3	4
다 푼 후에는 반드시 검토한다.	1	2	3	4
시험 전에는 중요한 문제를 집중적으로 푼다.	1	2	3	4
시험공부를 할 때는 예상 문제를 만들어 본다.	1	2	3	4
문제를 잘 풀 수 있을 것이라는 자신감을 갖는다.	1	2	3	4
시험을 볼 때는 쉬운 문제부터 풀어 둔다.	1	2	3	4
만약 문제를 풀다가 막히면 침착하게 다른 문제부터 먼저 푼다.	1	2	3	4
매일 일정한 시간 수학 공부를 한다.	1	2	3	4

한 주간의 나의 노력 점수 __________점

수학능력 향상을 위한 실천 방안 : 행동에 옮기기(4주)

실천 내용	노력 안 했다	약간 했다	많이 했다	아주 많이 했다
배울 것을 미리 살펴본다.	1	2	3	4
이해 중심으로 공부하지만, 새로운 공식은 반드시 외운다.	1	2	3	4
수업 시간에 배운 내용은 되도록 그 시간에 이해하려고 노력한다.	1	2	3	4
공부하면서 중요하다고 생각하는 것은 표시해 둔다.	1	2	3	4
중요한 문제는 여러 번 반복해서 풀어 본다.	1	2	3	4
문제집을 이용해 문제를 많이 풀어 본다.	1	2	3	4
틀린 문제는 한 번 더 풀어 본다.	1	2	3	4
틀린 문제는 어디가 틀렸는지 확인하고 반드시 표시해 둔다.	1	2	3	4
어려운 문제라도 쉽게 포기하지 않는다.	1	2	3	4
혼자 풀 수 없는 문제는 도움을 받아서라도 반드시 알고 넘어간다.	1	2	3	4
까다로운 문제는 풀이 과정을 외운다.	1	2	3	4
그림이나 기호로 표시해 볼 수 있는 문제는 먼저 그려 본다.	1	2	3	4
계산 과정을 차근차근 적어 가며 푼다.	1	2	3	4
다 푼 후에는 반드시 검토한다.	1	2	3	4
시험 전에는 중요한 문제를 집중적으로 푼다.	1	2	3	4
시험공부를 할 때는 예상 문제를 만들어 본다.	1	2	3	4
문제를 잘 풀 수 있을 것이라는 자신감을 갖는다.	1	2	3	4
시험을 볼 때는 쉬운 문제부터 풀어 둔다.	1	2	3	4
만약 문제를 풀다가 막히면 침착하게 다른 문제부터 먼저 푼다.	1	2	3	4
매일 일정한 시간 수학 공부를 한다.	1	2	3	4

한주 간의 나의 노력 점수 __________점

2. 논리적 탐구 활동을 통해 수학과 친해지기

1) 참-거짓 구분하기

일상생활에서 부딪치는 문제를 해결할 때도 그렇지만, 수학 문제를 풀 때에도 문제에서 주어진 조건이나 현상을 면밀하게 관찰하고 분석한 후, 무엇이 옳고 그른지, 왜 그런지 근거를 밝히면서 문제를 해결해 나가야 합니다. 다음에 제시된 문제를 보고 참-거짓을 판단해 보세요.

1 그림처럼 원 위에 두 점 A, B가 있다. 점 A에서 출발하여 원주를 따라 이동하여 다시 점 A로 돌아오려고 한다면 그 방법은 오직 한 가지뿐이다. 이 명제의 참, 거짓을 판단하고, 그 이유를 설명해 보세요.

2 다음 지문을 읽고 A와 B 가운데 맞다고 생각되는 것을 선택하세요.

> 영우는 지수보다 키가 크고, 철수는 지수보다 키가 작다. 훈이는 철수보다는 크지만 지수보다는 작다.

1) 훈이는 영우보다 키가 크다(A 맞다 B 아니다).

2) 영우가 제일 크고, 철수가 가장 작다(A 맞다 B 아니다).

2) 조건의 분석과 정리를 통한 추론

논리적 추론을 위해서는 정확한 전제를 필요로 합니다. 정확한 전제에서 출발해야만 정확한 결론에 이를 수 있기 때문입니다. 그러나 정확한 전제가 무엇인지 판단하기 어려운 경우가 있습니다. 이런 경우에는 어떤 하나의 판단이 정확한 전제라고 가정하고 문제를 추리해 나가야 합니다. 다음에서 제시된 문제를 통해 조건의 분석과 정리를 통한 추론법을 연습해 보세요.

1 윤, 이, 김, 박 씨 네 사람은 4층으로 된 같은 건물에 산다. 이들의 직업을 조사하였더니, 심리학자, 의사, 프로게이머, 만화가였다. 다음 글을 읽고 이들은 각각 몇 층에 살며, 직업이 무엇인지를 알아보시오.

- 김 씨는 박 씨보다 한 층 위에 살며, 이 씨보다는 한 층 아래 산다.
- 윤 씨는 4층에 살며, 만화가는 맨 아래층에 산다.
- 프로게이머는 심리학자보다는 위층에 살고, 의사보다는 아래층에 산다.

2 을, 지, 문, 덕, 장, 군 등 여섯 사람이 그림처럼 둥근 탁자 주위에 앉아 보드 게임을 한다. ‘장’과 ‘문’은 한 사람을 사이에 두고 ‘장’은 ‘문’의 오른쪽에 앉아 있다. 또 ‘덕’은 ‘을’의 맞은편에 앉아 있으며, ‘지’와 ‘군’은 한 사람을 사이에 두고 ‘지’는 ‘군’의 오른쪽에 앉아 있다. ‘군’과 ‘을’이 나란히 앉아 있지 않다면, 이들은 어떤 순서대로 앉아 있을까요?

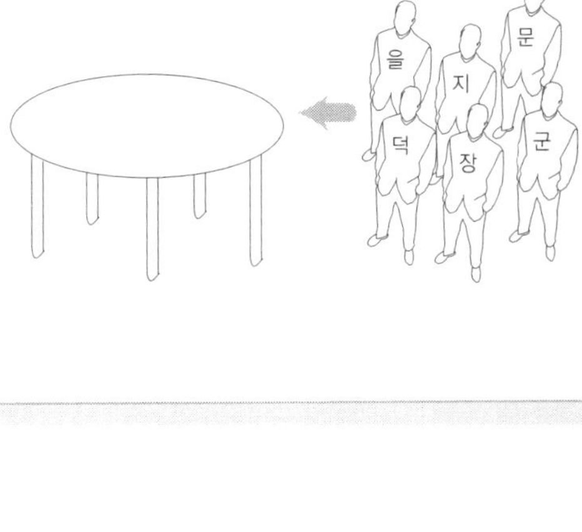

3) 연역적 탐구 활동을 통한 추론

연역적 탐구 활동을 통한 추론은 이미 알고 있는 수학적 개념, 원리 및 법칙을 활용하여 또 다른 수학적 개념이나 원리 및 규칙을 발견하는 것을 말합니다.

1 다음 오각형의 내각의 합은 몇 도인지 구하시오.

2 개미 한 마리가 오각형의 변을 따라 기어가다가 꼭지점을 만날 때마다 외각의 크기만큼 왼쪽으로 방향을 바꾸면서 이동하여 출발점까지 돌아오려고 합니다. 이 개미가 방향을 바꾼 각도의 합은 모두 몇 도일까요?

4) 창의적 사고 활동을 통한 추론

창의적 사고 활동을 통한 추론은 정해 놓은 규칙과 원리에 의존하기보다는 각자의 아이디어를 통해 문제를 해결하거나 규칙 및 원리를 창출하는 것을 말합니다. 다음에 제시된 문제를 통해 자신의 아이디어를 표현해 보세요.

1 11, 10, 9, 2, 1의 숫자와 수학 기호를 사용해서 3을 만들어 보세요.
(수학 기호 : +, −, ×, ÷, (　　) 등을 사용할 수 있습니다.)

2 학급 친구들과 관련된 통계를 간들어 보고, 활용 방법을 찾아보세요(취미, 장래 희망, 가족 수, 좋아하는 색깔 등 등 즈제는 마음대로 선택).

주 제 / 내용/학생 수				

3. 초인지적 수학능력 향상을 위한 ISLAND 전략

1) ISLAND 전략의 정의

ISLAND는 섬을 뜻하는 영어 단어이지요? 여기서는 수학 문제를 풀 때(특히, 문장제 문제나 추론 과제) 사용하는 전략의 이름입니다. ISLAND는 여섯 단계에 해당되는 영어 단어의 첫 글자를 따서 만들어진 두문자어(acronym)입니다. 각 글자가 무엇을 뜻하는지 살펴보겠습니다.

I	Identify	문제 파악하기	어떤 유형의 문제인가?
S	Select	자료 선택하기	중요한 내용과 그렇지 않은 내용은?
L	Line up	계획 세우기	어떤 계산 절차와 공식을 사용해야 하는가?
A	Accent	강조점을 확인하기	핵심과 강조되고 있는 부분이 분명하게 파악되었나?
N	Note & compute	기록하면서 계산하기	차례대로 기록하면서 계산하기
D	Double check	두 번 검토하기	문제 풀이 과정에 대한 검토와 교정

이제, 예시 및 연습 활동을 통해 ISLAND를 익힐 것입니다. 여기서 반드시 기억해야 할 것은 문제를 빨리 푸는 것이 아니라, ISLAND의 각 단계를 잘 따라가는 것이 중요하다는 점입니다. 즉, 답을 빨리 찾는 것이 아니라 각 단계를 성실히 따라가는 것이 목표입니다.

2) ISLAND 전략의 예시

지난 8월 성남시에서 지역구 대표를 선발하는 선거가 있었습니다. 성남시에는 선거권을 가진 12,000여 명의 주민이 거주하고 있습니다. 그중 7,300명만이 투표에 참가하였으며, 그중 5%가 기권표였습니다. 후보 이 씨가 65%의 지지율로 대표로 선발되었습니다. 김 씨는 22% 지지율을 얻었습니다. 그리고 한 씨는 13% 지지율을 얻었습니다. 김 씨는 얼마나 많은 사람들이 자신에게 표를 주었는지 알고 싶었습니다.

I	백분율에 관한 문제이며, 김 씨에게 표를 준 사람들의 수를 구하는 문제다.
S	투표 참가 인원, 기권표 및 김 씨가 얻은 지지율(22%)은 알아야 하고, 나머지는 무시해도 된다.
L	투표 참가인원에서 기권표를 빼고, 그 수의 22%를 계산한다.
A	기권표 5%를 계산해서 투표 참가 인원에서 반드시 뺀다.
N	기권표 계산 : 7300×0.05=365명 유효표 계산 : 7300−365=6935명 득표율 계산 : 6935×0.22=1525.7명(반올림하면⇒1,526명) 정답 : 1,526명
D	(문제와 답을 두 번에 걸쳐서 확인)

3) ISLAND 전략의 연습

〈연습 1〉

한솔 고교에 다니는 선우 누나는 경쟁률이 4:1인 한국 대학교 심리학과에 합격하였습니다. 이 대학교 심리학과의 모집 정원은 70명입니다. 작년 경쟁률은 3:1이었고, 한솔 고교 지원자 중 3명이 합격하였습니다. 올해는 선우 누나를 포함하여 10명이 지원하였습니다. 올해 한국 대학교 심리학과에 지원한 사람들은 모두 몇 명일까요?

I	
S	
L	
A	
N	
D	

〈연습 2〉

어느 프로야구 선수의 지난 시즌 타율이 2할 8푼 8리였습니다. 2년 전 타율은 2할 2푼 1리였고, 올해에는 지난 시즌보다 더 좋은 성적을 올리려고 합니다. 이 선수가 올해 약 140경기에 출전하여 500번 정도 타석에 선다면, 최소한 몇 개 이상의 안타를 쳐야 합니까?

I	
S	
L	
A	
N	
D	

〈연습 3〉

성은이네 집에서는 쌀과 보리를 5:1의 비율로 섞어서 밥을 짓는다고 합니다. 현미와 율무는 일주일에 세 번 가량 보리와 같은 비율로 넣어 밥을 짓습니다. 만약 쌀을 400g 넣으면, 보리는 몇 g을 넣어야 하는지 알아보시오.

I	
S	
L	
A	
N	
D	

〈연습 4〉

지혜는 모아 둔 용돈에서 4,000원을 주고 200원짜리 지우개와 150원짜리 연필을 합하여 23개 샀습니다. 그리고 친구 정아의 생일 선물을 사는 데 용돈의 30%를 썼습니다. 지우개와 연필을 각각 몇 개씩 샀는지 알아보시오.

I	
S	
L	
A	
N	
D	

〈연습 5〉

과수원에서 사과를 따는 데 1시간 동안 다솜이는 18개, 수현이는 24개를 딸 수 있습니다. 두 사람 모두 쉬지 않고 일을 하고 나서 딴 사과를 세어 보니 105개였습니다. 다솜이는 이 중 1/3을 고모댁에 갖다드렸습니다. 두 사람은 몇 시간 동안 일을 했는지 알아보시오.

I	
S	
L	
A	
N	
D	

〈연습 6〉

다음은 미금이네 반에서 위인전과 동화책을 읽은 학생 수를 조사한 것입니다.

① 위인전과 동화책을 모두 읽은 학생은 12명입니다.

② 위인전을 읽은 학생은 15명입니다.

③ 동화책을 읽은 학생은 18명입니다.

④ 위인전을 읽지 않은 학생은 24명입니다.

⑤ 독후감을 쓴 학생은 20명입니다.

위인전도 동화책도 읽지 않은 학생은 몇 명입니까?

I	
S	
L	
A	
N	
D	

〈연습 7〉

한 시간에 4분씩 늦어지는 시계가 있습니다. 이것 때문에 형민이는 가끔씩 지각을 하기도 했습니다. 어느 날 오전에 이 시계를 정확히 맞추어 놓았습니다. 같은 날 오후 1시에 이 시계가 가리키는 시각은 12시 42분이었습니다. 오전 몇 시 몇 분에 이 시계를 맞추어 놓았을까요?

I	
S	
L	
A	
N	
D	

〈연습 8〉

주머니 속에 0, 1이 적힌 공이 각각 1개, 2가 적힌 공이 2개, 3이 적힌 공이 3개 있습니다. 그중 녹색, 푸른색, 분홍색이 각각 3개, 2개, 1개씩 들어가 있습니다. 공을 하나씩 꺼내어 공에 적힌 수를 차례대로 백의자리, 십의자리, 일의자리로 하기로 하였습니다. 세자리수를 모두 몇 개 만들 수 있는지 알아보시오.

I	
S	
L	
A	
N	
D	

〈연습 9〉

영수네 농장에는 세 종류의 가축이 있습니다. 전체 가축의 $\frac{1}{2}$은 소, $\frac{1}{3}$은 말이며, 그 나머지는 돼지입니다. 3일 후에는 돼지가 새끼를 낳게 됩니다. 돼지가 8마리라면, 소와 말은 각각 몇 마리인지를 구하시오.

I	
S	
L	
A	
N	
D	

〈연습 10〉

민지는 흰색, 노란색, 분홍색 셔츠와 청바지, 흰바지를 가지고 있으며, 또 빨간색, 파란색 모자를 가지고 있습니다. 민지는 매일매일 조금씩 바꿔 가며 옷을 입습니다. 민지가 각각 다르게 옷을 입는 경우는 몇 가지입니까?

I	
S	
L	
A	
N	
D	

저자약력

■ 최정원

성심여자대학교 심리학과 학사
가톨릭대학교 대학원 심리학과 석사
가톨릭대학교 대학원 심리학과 박사과정
가톨릭대학교 학생생활상담소 상담 및 임상 인턴과정 수료
계요병원 신경정신과 임상심리전문가 수련
중앙 길병원 신경정신과 임상심리전문가 수련
한국발달심리연구소 연구원
한림인지학습연구원 임상심리전문가
(현) 임상심리연구소 학습과 사랑 대표

[저서 및 논문]
학습효율성증진 프로그램(한국발달심리연구소, 2003)
학습기술개입에 관한 개관(학생생활상담, 2002)외

■ 이영호

서울대학교 심리학과 학사
서울대학교 대학원 심리학과 석사
서울대학교 대학원 심리학과 박사
서울대학교병원 신경정신과 임상심리전문가 수련
임상심리전문가
정신보건임상심리사 1급
한국임상심리학회 회장 역임
(현) 가톨릭대학교 사회과학부 교수

[저서 및 논문]
K-WAIS 실시요강(공저, 한국가이던스, 1992)
심리학-인간의 이해(공저, 학지사, 1996)
임상심리학입문(역서, 학지사, 2001)외 다수

학생용 워크북

학습치료 프로그램
효과적인 외국어 학습 전략 및 수학적 문제해결 전략 ⑥

2006년 7월 25일 1판 1쇄 발행
2023년 2월 20일 1판 6쇄 발행

지은이 • 최정원 · 이영호
펴낸이 • 김진환
펴낸곳 • (주) 학지사
04031 서울특별시 마포구 양화로 15길 20 마인드월드빌딩
대표전화 • 02)330-5114 팩스 02)324-2345
홈페이지 • http://www.hakjisa.co.kr
페이스북 • https://www facebook.com/hakjisabook
등록번호 • 제313-2006-000265호

ISBN 89-5891-356-8 94370
89-5891-350-9 (set)

정가 6,000원

학습치료 프로그램 시리즈

[학생용 워크북] 학습동기 향상 전략 ① 　값 6,000원

학습동기 향상 전략은 학습에 필요한 마음과 동기를 증진시키는 것을 통해 학업수행능력을 향상시키는 것을 목표로 한다. 목표 및 가치의 인식, 학습동기를 위한 실천 방안, 자기 이해의 장으로 구성되어 있다.

[학생용 워크북] 주의집중력 향상 전략 ② 　값 6,000원

주의집중력 향상 전략은 주의집중 문제의 평가, 집중을 어렵게 하는 요인들의 탐색, 주의집중력 향상을 위한 실천 계획 및 전략 훈련을 통해 주의집중력을 향상시키는 것을 목표로 한다.

[학생용 워크북] 기억력 향상 전략 ③ 　값 6,000원

기억력 향상 전략은 효과적인 기억 방법을 통해 학습 내용을 보다 잘 이해하고 기억할 뿐 아니라, 학습에 필요한 일반적인 사고능력을 향상시키는 것을 목표로 한다. 주요 내용은 학습 준비와 기억 전략 실습으로 구성되어 있다.

[학생용 워크북] 효과적인 읽기 및 필기 전략 ④ 　값 6,000원

효과적인 읽기 및 필기 전략은 읽기를 위한 준비활동과 핵심 찾기, SQRW를 포함하는 읽기 및 필기 전략 훈련을 통해 학습 내용에 대한 이해와 깊이를 더하고 기억 및 조직화 능력을 향상시키는 것을 목표로 한다.

[학생용 워크북] 사고력 향상 전략 ⑤ 　값 6,000원

사고력 향상 전략은 생각의 폭과 깊이를 더해 줌으로써 학습능력과 일반적인 문제해결능력을 향상시키는 것을 목표로 한다. 사고력의 개념 이해, 창의적·논리적·비판적 사고를 증진시키기 위한 전략 및 언어적 추론능력 향상으로 구성되어 있다.

[학생용 워크북] 효과적인 외국어 학습 전략 및 수학적 문제해결 전략 ⑥ 　값 6,000원

외국어 학습 전략의 목표는 학습 내용을 이해, 저장 및 기억하는 데 필요한 효과적인 학습 방법을 통해 외국어 학습능력의 발달을 돕고자 하는 것이다. 주요 내용은 외국어 학습 전략 살펴보기, 효과적인 외국어 학습 전략의 실제로 구성되어 있다. 수학적 문제해결 전략은 자기 점검 활동과 단계적인 문제해결을 향상시키는 것에 초점을 맞추었으며, 수학적 태도 점검 및 수학능력 향상을 위한 실천 원리, 논리적·탐구적 활동을 통해 수학과 친해지기, 초인지적 수학능력 향상을 위한 ISLAND 전략이 있다.

학습치료 프로그램 시리즈

[학생용 워크북] 기초학습능력 향상 전략 ⑦
값 15,000원

기초학습능력 향상 전략은 문자와 구어를 통한 언어적 이해, 표현, 개념화 등의 기초학습 영역에서 어려움을 보이는 학생들을 위해 고안되었다. 주요 내용은 자모 및 낱자 익히기, 음운 인식 훈련을 통한 심화학습, 어휘 유창성 향상, 문장력 및 읽기 이해력 향상에 관한 내용으로 구성되어 있다.

[학생용 워크북] 시험불안 다루기 전략 및 시험 전략 ⑧
값 8,000원

시험불안 다루기 전략의 목표는 자기 이해와 자기 조절 능력의 향상을 통해 과도한 불안을 완화시키고, 궁극적으로 효과적인 학업 수행과 성취를 가능하게 하는 것이다. 시험 전략은 시간적 대비, 시험 유형에 따른 대처법 및 효과적인 시험 치르기 등과 관련된 기술들을 습득하고 활용하는 것을 통해 학습 능률을 향상시키는 것을 목표로 한다.

[학생용 워크북] 효과적인 시간·공간 관리 전략 및 학업 스트레스 관리 전략 ⑨
값 6,000원

효과적인 시간·공간 관리 전략은 시간 관리를 위한 지침, 다양한 시간 관리 전략, 문제 분석 및 학습 공간 관리를 통해 학업 성취에 영향을 미치는 자기 관리 및 자기 조절 능력 향상을 목표로 한다. 학업 스트레스 관리 전략은 스트레스에 대한 개념 이해, 스트레스 요인 탐색 및 다양한 스트레스 대처 전략을 통해 스트레스에 효과적으로 대처할 수 있는 능력을 향상시키는 것을 목표로 한다.

[전문가용] 학습치료 프로그램 지침서 ⑩
값 18,000원

학습치료 프로그램은 심리적 안정과 정신건강 증진을 위한 심리치료적 접근과, 효과적인 학습 전략 획득을 위한 교육적인 접근을 통합하여 초·중·고등학교 학생들의 학습능력과 학습효율성 증진이라는 목표를 달성하기 위한 것이다. 임상 장면에서는 전문가가 주의력결핍과잉행동장애(ADHD), 학습장애(LD) 및 학습지체 아동 또는 청소년에게 이 프로그램을 적용할 수 있으며, 일반 교육 현장에서는 교사가 학생들의 학습잠재력을 개발하여 보다 나은 학업 성취를 이루기 위해 폭넓게 활용할 수 있다.

[전문가용] 어휘 범주화 카드 ⑪
값 14,000원

어휘 범주화 카드를 활용하여 어휘력의 범위와 표현력을 증진시키는 활동을 할 수 있다.

최정원 · 이영호 공저 / 국배판 / 전11권(학생용 워크북 9권 · 전문가용 2권) / 세트가 97,000원